AMERICAN STAFFORDSHIRE TERRIER

François Kiesgen de Richter

SOMMAIRE

INTRODUCTION

L'American Staffordshire Terrier, est aussi connu sous le diminutif « Staff ». Il a des qualités physiques et mentales hors du commun.

Il faut oublier tout ce que l'on raconte de mauvais sur les « chiens-tueurs » : ils ne peuvent le devenir que s'ils ont subi une mauvaise éducation et certainement pas à cause de leur patrimoine génétique.

L'American Staffordshire Terrier est un chien sociable et amical. Il sera un bon gardien mais il faudra l'éduquer à prendre les bonnes décisions au bon moment, car s'il estime qu'il y a un danger, il entrera spontanément en action. Attention c'est une règle essentielle, il ne faut pas stimuler son agressivité par le chahut ou la bagarre.

L'American Staffordshire Terrier est docile et très intelligent ce qui permet de parfaitement l'éduquer. C'est indispensable.

Bien évidemment, ses origines le suivent : c'était un chien de combat. De nos jours, ce chien est docile, doux, gentil, patient.

Il faudra faire un travail pointu de socialisation, sinon avec ses congénères, il sera un peu sauvage et brut. Sociabilisé jeune, il sera adorable avec ses maîtres et il sera aisé de l'emmener partout. Il sera très affectueux avec sa famille.

Vous devrez faire un apprentissage très tôt, « au reste à l'enclos » et « au rappel » sinon il développera un côté fugueur.

L'American Staffordshire Terrier supporte la solitude et reste calme lorsque vous n'êtes pas là. Bien sûr il faudra suivre les conseils de ce guide pour le préparer aux absences, ce sera toujours très progressif.

L'American Staffordshire Terrier adore les enfants et aime se faire dorloter par eux. Mais attention, comme pour toutes les races canines, la prudence est de mise, et la surveillance est obligatoire.

Il sera indispensable de lui faire faire de l'exercice et si possible de le mettre en club pour une activité canine non agressive, sinon il pourra développer des problèmes comportementaux.

L'American Staffordshire Terrier est indépendant, il aime le calme et la solitude. Vous devrez apprendre à communiquer avec lui, car il souhaite aussi se sentir important à vos yeux et que vous vous occupiez de lui.

Il ne vous reste plus qu'à trouver un juste milieu pour trouver l'harmonie !

Nous allons tordre le cou à une idée reçu : l'instabilité caractérielle d'un American Staffordshire Terrier est toujours due à un défaut d'éducation, et à une mauvaise socialisation, c'est toujours la faute du maître.

Commencer l'éducation tôt, aller en école du chiot, et travailler en club sauf pour les disciplines qui développent d'agressivité, il devra être éduqué au minimum jusqu'à ses dix-huit mois. C'est la contrepartie exigée.

Ne tentez pas de l'éduquer seul et surtout ne le laissez pas non éduqué.

C'est la Rolls des chiens s'il est bien éduqué. Son origine terrier lui donne un côté têtu, donc il faudra être patient, pour son apprentissage, et son éducation.

Encourager son pacifisme, jamais son agressivité, en respectant deux règles essentielles : le renforcement positif et la rigueur. Il est un brin cabochard, il a besoin d'une discipline stricte et de caresses mais jamais de brutalité, ni de cris… il faudra être patient. En premier apprenez à dire « NON » et armez-vous de patience.

Éduqué, un American Staffordshire Terrier sera un excellent chien de compagnie, un super-chien de garde. Mon conseil de maître : sa socialisation devra être continue.

ORIGINES

L'American Staffordshire Terrier n'est pas né en Grande-Bretagne, comme la plupart des Terriers, mais dans les colonies anglaises d'Amérique du Nord et du Canada, d'où son nom.

Ses ancêtres sont le Bull-and-Terrier et le Blue Paul terrier, une race aujourd'hui éteinte qui était auparavant élevée à Glasgow, en Écosse, lieu à partir duquel elle s'est diffusée dans les colonies Anglo saxonnes.

Au début des années 1930, il s'est formé deux courants d'élevage. Le premier cherchait à créer des chiens correspondant à un standard précis, avec un fort tempérament mais très équilibré : le résultat obtenu a été l'American Staffordshire Terrier. Ce point est très important.

Le deuxième courant, qui recherchait plutôt des chiens de combat, a obtenu des sujets plus grands, avec une agressivité plus développée et une prise maxillaire plus forte : le résultat obtenu a été l'American Pit-Bull Terrier.

Au cours des siècles les combats entre chiens opposèrent l'American Staffordshire Terrier à d'autres chiens de combat. Les chiens utilisés dans ces combats étaient principalement des Bulldog. Les Bulldog de cette époque étaient très différents des Bulldog modernes, ils étaient plus grands, très puissants et agiles.

À partir du XVIIIe siècle, des croisements entre Bulldog et terriers se généralisèrent. En 1850, James Hinks, éleveur de Bull-and-Terrier croisa ces chiens avec des Old

English White Terrier et d'autres races tenues secrètes. Ces croisements donnèrent naissance à des chiens homogènes. Cette nouvelle race fut reconnue et officialisée par le Kennel Club anglais sous le nom encore utilisé actuellement de Bull-Terrier.

Parfois vous trouverez une robe couleur gris bleue, qui provient du croisement par Paul Jhones entre le Blue Paul Terriers d'une couleur gris-bleu et le Staffordshire Bull-Terriers.

En Amérique, les chiens importés d'Angleterre utilisés dans les combats étaient appelés « Pit Bulls » ou « Pit Bulls-Terriers » (Pit signifie arène). Leurs éleveurs ne s'intéressaient qu'à leur performance physique en combat. Les American Staffordshire Terriers se nommaient à cette époque American Pit Bull-Terrier. Ils étaient aussi utilisés pour la chasse au grand gibier, la garde des troupeaux et des propriétés.

L'Amstaff et le Pit-bull sont unis par un passé commun de leur évolution. L'American Pit bull-Terrier a été reconnu comme race à part entière par Z. Bennett en 1 898 et aucun croisement ne fut plus accepté, l'American Pitt Bull était né.

L'American Staffordshire Terrier est le cousin de l'American Pitt Bull Terriers. C'est en 1936 qu'il a été reconnu comme race à part entière, mais sous le nom de Staffordshire Terrier. Le nom fut changé pour "American Staffordshire Terrier" en 1976 afin de le différencier de l'American Pitt Bull Terriers.

Bien que de même origine, l'American Staffordshire Terrier et l'American Pit-Bull Terrier soient deux races différentes, mais très similaires sur beaucoup de points physiques, et là se limite la ressemblance.

L'American Staffordshire Terrier a été sélectionné pour son caractère équilibré vis-à-vis de l'homme

L'agressivité reste une composante importante de comportement de toutes races de chien.

Le tempérament, le comportement du loup se trouve à

l'état latent dans toutes les races de chiens, et les différences de caractères entre lignées ou familles sont parfois plus grandes que les variations entre deux races, même très éloignées. Ce point est très important.

Tordons l'idée à une autre idée reçue, l'American Pit Bull serait un chien de travail et l'American Staffordshire Terrier un chien d'exposition. Il n'y a que des théoriciens pour affirmer de pareilles inepties. La grande différence est dans le caractère de l'American Staffordshire Terrier : une agressivité latente contrôlée, un chien posé et prévisible avec une robustesse plus marquée.

En tant que maître voilà ce que j'affirme : L'American Staffordshire Terrier allie l'agilité des terriers à la puissance et à la force des Bulldogs. Son courage est exceptionnel. C'est un chien sportif débordant d'énergie qui a besoin de se dépenser tous les jours. Il est joueur, et adore les activités ludiques avec sa famille. C'est un bon gardien, et il défendra en toute fidélité ses maîtres. Éduquez le patiemment, et ne développez pas son agressivité, ce sera un chien tout simplement génial.

STANDARD DE RACE

Un American Staffordshire Terrier donne une sensation de très grande force en relation avec son corps bien compact et musclé.

La hauteur du mâle oscille entre 45 et 48 cm au garrot, pour 43 à 45 cm chez les femelles avec un poids de 25 à 30 kg.

La tête montre un stop très prononcé aux arcades zygomatiques, elle est de longueur moyenne, et apparaît grande de tous les côtés avec un crâne large.

Les oreilles sont bien dressées le chien sera toujours à l'écoute accentuant cette sensation d'éveil et de force. Elles sont attachées haut.

Les yeux sont foncés et ronds, situés bas et très écartés.

Les mâchoires sont robustes, surtout l'inférieure qui doit permettre une très bonne prise. Le museau doit avoir un aspect carré.

La construction du tronc se rapproche du carré. Les membres sont parfaitement d'aplomb.

La queue se rétrécit en allant vers l'extrémité, située plus ou moins à la hauteur du jarret.

Le poil est court et toutes les couleurs sont admises mais les robes toutes blanches ou présentant plus de 80 % de blanc ne sont pas appréciées. Le bleu est toléré et les noirs feux ou couleur foie sont interdits.

La classification FCI est le groupe 3 celui des Terriers, puis la section III celle des Terriers de type bull. Il n'est pas admissible aux épreuves de travail.

Les écarts par rapport au standard concernent en priorité : la truffe envahie par le ladre un prognathisme supérieur ou inférieur, des yeux clairs, un ladre aux paupières, une queue trop longue ou mal portée.

À noter que s'il est agressif ou peureux l'American Staffordshire Terrier ne sera pas au standard.

LE TAN

Le TAN (Test Aptitude Naturelle) est un test qui permet de s'assurer de la sociabilité du chien.

Le TAN s'inscrit dans un programme de sélection et permet de valoriser les bonnes facultés mentales de L'American Staffordshire Terrier. C'est très important.

Le TAN n'est pas une évaluation comportementale. Il n'est nullement demandé une obéissance rigoureuse du chien pour le passer.

Le TAN est proposé dans les expositions organisées par le FAST (France American Staffordshire Terrier). Il a lieu dans les lieux choisis par le club de race et toujours en extérieur (notamment en raison de la résonance des coups de feu tirés lors de l'épreuve). Vous devez inscrire en contactant le club de race.

Pour l'épreuve, les candidats seront par groupes de 6 couples maîtres/chiens.

Le premier test concerne la socialisation à l'homme pour une cotation maximum de 5 points, l'épreuve est éliminatoire. Le candidat et son chien se présentent face au juge. Ce dernier adopte une attitude naturelle et amicale (attention d'éviter tout artifice à la main qui pourrait fausser l'impartialité du test). Le juge commence par discuter avec le maître, en ayant pris soin de lui serrer la main, avant de s'abaisser et de caresser le chien. Un chien trop exubérant ne sera pas pénalisé, mais un chien agressif ou craintif à l'égard sera disqualifié.

Par rapport à d'autre club de race, ou la SCC peut faire

un arbitrage, l'élimination d'un American Staffordshire Terrier sera sans appel et il sera impossible au candidat de se présenter à nouveau. La volonté est clairement affirmée que l'American Staffordshire Terrier doit être un chien stable et franc.

Le deuxième test concerne la socialisation aux autres congénères pour une cotation maximum de 5 points, l'épreuve est éliminatoire. Le candidat et son chien se présentent face à un autre binôme. Les chiens doivent adopter une attitude neutre, amicale. Un chien belliqueux vis-à-vis de son congénère ne sera pas éliminé si son maître parvient à gérer la situation : un chien sous contrôle qui se soumettra à l'autorité de son maître ne sera pas éliminé.

Il est donc tenu compte d'un éventuel atavisme de L'American Staffordshire Terrier mais encore une fois la socialisation à l'humain, et en particulier au maître, reste un impératif.

Un chien qui ne fera que répondre à l'agression de son congénère ne sera pas pénalisé mais il sera réévalué face à un autre couple maître/chien. Un chien agressif et hors de contrôle, impossible à canaliser, sera éliminé sans appel possible. Un chien agressif et convenablement géré par un maître responsable sera pénalisé et n'obtiendra que la moitié des points relatifs à l'exercice. Un sujet amical, indifférent ou totalement à l'écoute de son conducteur réussira l'exercice avec le maximum des points.

Le troisième test concerne l'indifférence aux coups de feu pour une cotation maximum de 5 points. Le coup de feu est par définition un bruit soudain, bruyant et sec. Pour la réalisation de l'exercice les candidats se mettent en ligne. Les chiens sont maintenus avec des laisses longues. – ne pas coincer son chien entre ses jambes ou le limiter dans ses mouvements en tirant sur sa laisse. Un premier coup de feu est tiré. Il ne sera pas valide. Un second coup de feu est tiré et le juge analyse l'attitude des chiens.

L'American Staffordshire Terrier n'étant pas une race dite soumise au travail une hypersensibilité ne sera pas éliminatoire. Par contre elle sera pénalisée. Ainsi un sujet totalement hermétique au coup de feu obtiendra la totalité des points. Un chien sensible se verra pénalisé en fonction de la gravité de sa réaction selon l'analyse du juge.

Le quatrième test concerne Indifférence au stress pour une cotation maximum de 5 points. La réaction du chien est évaluée face à une situation « stressante ». L'American Staffordshire Terrier se devant de rester impassible et surtout amical même lorsque ses nerfs sont mis à rude épreuve.

Un adjoint du juge se positionne face au couple maître/chien et propose un mouvement brusque à l'égard du chien. Il s'aide d'un parapluie qu'il ouvre sous le nez du chien ou d'une boîte de conserve remplie de cailloux ou de ferraille qu'il agite, là encore, sous le nez du chien.

Un animal qui restera indifférent obtient l'ensemble des points. Un autre qui se cache derrière son maître ou se soumet exagérément totalisera la moitié, tandis qu'un sujet agressif fera aucun point sur cet exercice. Il ne sera néanmoins pas disqualifié à la suite de ce test car on tiendra compte du fait qu'il ait pu vouloir protéger son maître en ayant perçu ce test comme une agression. Le cinquième test concerne la simulation concrète pour une cotation maximum de 5 points. Le maître et son chien exécutent un parcours de slalom mis en place par le juge. Au cours de cette « promenade » ils croiseront d'autres personnes, avec ou sans chiens. L'American Staffordshire Terrier doit être un chien capable de s'adapter à toute situation et à tout environnement.

Un binôme marchant avec une même énergie dans une communion évidente obtiendra la totalité des points.

L'obtention du TAN sera validée si le couple maître/chien obtient au minimum 13 points. Un couple qui n'obtiendrait pas la majorité des points nécessaires sans avoir été disqualifié aux épreuves 1 et 2, sera simplement ajourné et pourra se représenter lors d'une autre épreuve.

Je vous conseille de faire passer le TAN à votre chien,

car vous pourrez vérifier votre travail de communication avec votre American Staffordshire Terrier, et décider ensuite du travail à poursuivre.

Vous êtes sur la bonne voie, votre American Staffordshire Terrier est acheté dans un élevage sérieux recommandé par le club de race, vous l'avez réussie la confirmation au LOF et vous avez passé le T.A.N. Bravo, vous êtes un maître responsable.

LE STYLE DE VIE

L'Amstaff, comme l'appellent ses admirateurs, est essentiellement un chien de compagnie.

Il est très réceptif, son courage proverbial, son agilité et son intelligence le prédisposent à une bonne éducation. C'est primordial pour lui.

C'est un sportif qui a besoin de démontrer sa rapidité et sa souplesse le Cani-cross, le pistage et l'Agility sont pour lui.

Parfaitement socialisé, c'est un remarquable gardien et un magnifique chien de compagnie. Il est calme et très propre, vit très bien à l'intérieur. Un jardin est recommandé il n'en sera que plus heureux, sinon trois sorties de 20 minutes par jour suffisent, et du club une fois semaine.

Il restera naturellement auprès de ses maîtres lors de la venue d'étrangers mais il faudra que vous l'ayez éduqué à rester neutre quand ils croisent des congénères.

De l'eau à volonté et une alimentation équilibrée avec des heures de repas fixes seront nécessaires.

L'Amstaff est particulièrement ritualisé dans son comportement du quotidien, il est souvent « réglé comme du papier à musique » pour réagir à votre emploi du temps qui dicte le sien, mais aussi à tout enseignement.

C'est d'ailleurs dans la « routine » qu'il se sentira le mieux : c'est les rituels appris, et le prévisible, qui le rassure. L'Amstaff en a besoin.

Au rythme de nos allées et venues, de l'éducation à nos

attentes, L'Amstaff se fabriquera un « catalogue de comportements canins », qui est organisé autour de nos activités humaines, professionnelles ou autres.

Le changement d'habitude doit se gérer, et il faudra préparer le chien avec une immersion progressive si possible, et toujours être plus proche du Chien dans ce moment-là.

Les situations ou le chien stress amènent des comportements en réponse qui en général sont le pipi et le caca chez vous, souvent la destruction, et très souvent l'agressivité. Plus rarement le Chien développera des névroses et des pathologies psychosomatiques. Donc pour L'Amstaff une éducation au stress est nécessaire.

Un changement de maître prend au minimum un an c'est très délicat pour un Amstaff de se réadapter et il gardera des séquelles.

Un Amstaff rendu agressif et qui change de famille demandera deux ans d'adaptation avec un éducateur professionnel et un maître averti, sachez que ce sera au prix de beaucoup d'affection et de travail mais la cicatrice restera. C'est un défi.

Si vous avez des enfants il ne faut pas que ce soit votre premier chien, son éducation et sa socialisation sont exigeantes. Vous remarquerez que L'Amstaff adore les enfants, élevés ensemble c'est un pur bonheur.

Sûrement avez-vous entendu le mot « tocard », il désigne un chien qui n'est pas de race, et souvent les chiens médiatiques comme le Amstaff se trouvent en première ligne dans les gênes partagées. Sauf si vous êtes un professionnel évitez cite situation.

En résumé, L'Amstaff n'est pas le chien de tous les maîtres. Il ne peut se satisfaire d'une vie de patachon. Il vit à 100 à l'heure et il faut suivre ! Mais quel plaisir.

LA LÉGISLATION

La nomenclature officielle imposée par la F.C.I. (Fédération Cynophile Internationale) divise de l'espèce Canis Lupus Familiaris en 10 groupes dans lesquels figurent des races selon un des caractères distinctifs communs aux races.

Groupe 1 : Chiens de Berger et de Bouvier (sauf Chiens de Bouvier Suisses). Groupe 2 : Chiens de type Pinscher et Schnauzer - Molossoïdes - Chiens de Montagne et de Bouvier Suisses et Autres Races. Groupe 3 : Terriers. Groupe 4 : Teckels Groupe 5 : Chiens de Type Spitz et de Type Primitif. Groupe 6 : Chiens Courants, Chiens de Recherche au Sang et Races Apparentées. Groupe 7 : Chiens d'Arrêt. Groupe 8 : Chiens Rapporteurs de Gibier - Chiens Leveurs de Gibier - Chiens d'Eau. Groupe 9 : Chiens d'Agrément et de Compagnie. Groupe 10 : Lévriers

La loi no 99-5 du 6 janvier 1999 relative aux animaux dangereux et errants et à la protection des animaux dite "loi sur les chiens dangereux" et l'arrêté du 27 avril 1999 pris pour l'application de l'article 211-1 du code rural et établissant la liste des types de chiens susceptibles d'être dangereux, faisant l'objet des mesures prévues aux articles 211-1 à 211-5 du même code classent les chiens dits "dangereux" en 2 catégories

<u>1re catégorie de chiens :</u>

- Les chiens assimilables par leurs caractéristiques morphologiques aux chiens de race American Staffordshire terrier, *sans être inscrits à un livre généalogique* reconnu par le ministre de l'agriculture et de la pêche.

- Les chiens assimilables par leurs caractéristiques morphologiques aux chiens de race Mastiff, sans être inscrits à un livre généalogique reconnu par le ministre de l'agriculture et de la pêche. Ces chiens peuvent être communément appelés « boerbulls ».

- Les chiens assimilables par leurs caractéristiques morphologiques aux chiens de race Tosa, sans être inscrits à un livre généalogique reconnu par le ministre de l'agriculture et de la pêche.

2e catégorie des chiens

Les chiens de race American Staffordshire terrier L.O.F

- Les chiens de race Rottweiler L.O.F

Les chiens de race Tosa. L.O.F

Les chiens assimilables par leurs caractéristiques morphologiques aux chiens de race Rottweiler, sans être inscrits à un livre généalogique reconnu par le ministre de l'agriculture et de la pêche.

L'American Staffordshire Terrier est donc classé en France dans la catégorie 2 s'il est LOF. Il ne peut donc pas être détenu par un mineur ou une personne condamnée avec un casier judiciaire no 2. Il doit être déclaré à la mairie du domicile du propriétaire, il doit être vacciné contre la rage tous les ans, le propriétaire doit souscrire une assurance de responsabilité civile mentionnant expressément l'American Staffordshire Terrier. Le propriétaire doit procéder à une double identification par puçage ou par tatouage. Le propriétaire doit obligatoirement mettre à son American Staffordshire Terrier un collier, une laisse et une muselière pour passer dans les parties communes des immeubles collectifs, pour accéder aux lieux publics, aux locaux ouverts au public et emprunter les transports en commun. L'Amstaff est obligatoirement tenu en laisse et muselé par un majeur.

S'il n'est pas inscrit au livre des origines françaises (LOF), l'American Staffordshire Terrier se trouve donc classé en France dans la catégorie 1 qui demande les mêmes obligations que pour les catégories 2, mais qui oblige en plus doivent être stérilisés (mâle et femelle). et ils sont interdits dans les transports en commun, dans les parties communes des immeubles et les lieux publics, même muselés.

En cas de non-respect de cette réglementation, le propriétaire risque une forte amende pouvant aller jusqu'à 8 000 €, 6 mois de prison, et le chien sera euthanasié aux frais du propriétaire.

La race American Staffordshire terrier appartient au standard N. 286 de la FCI. Leur détention requiert un permis spécial à solliciter à la mairie de votre domicile de résidence. L'obtention de ce permis est conditionnée par le suivi d'un cours de formation du maître et d'une évaluation comportementale du chien.

Depuis le 10 novembre 2008, l'American Staffordshire Terrier doit donc passer un test comportemental à l'issue duquel il sera classé, sur une échelle de 1 à 4. 1 signifiant : « Le chien ne présente pas de risque particulier de dangerosité en dehors de ceux inhérents à l'espèce canine » et niveau 4 : « Le chien présente un risque de dangerosité élevé pour certaines personnes ou dans certaines situations ».

Ces deux documents permettent de déclarer le chien en mairie. Une fois la déclaration enregistrée, le chien doit toujours être en règle et le propriétaire doit pouvoir présenter ses papiers en règle.

L'activité au mordant est interdite en France pour l'American Staffordshire Terrier.

À PROPOS DU MAÎTRE

Le maître d'un Amstaff doit veiller à ce que le chien ait la place qu'il doit avoir dans la famille.

La famille devient pour le chien la représentation de la meute. Le rôle du chien dans le clan est important. C'est au maître de fixer la hiérarchie. Le chien au début essayera de s'imposer comme le chef ! C'est normal surtout pour un American Staffordshire Terrier.

La majorité des problèmes de comportements canins viennent de ce que le chien n'est pas à sa place au sein de la famille et que le maître est soit trop autoritaire soit trop laxiste.

Le maître, doit apprendre à interpréter intelligemment les codes de communication du chien qui de son côté cherchera à interpréter les codes, du maître voir à les anticiper.

Si vous avez des enfants, il sera indispensable de leur apprendre les positions d'apaisement du chien ainsi que les postures du chien. Aussi il faudra leur expliquer les limites de l'interaction avec le chien.

Le maître qui veut un American Staffordshire Terrier devra parfaire sa relation avec son chien et l'entretenir à vie. Nous verrons que le chien à vocation à prendre des initiatives selon des codes bien précis.

Le maître doit toujours veiller à la qualité des professionnels qui l'accompagne. Dans les clubs des personnes bénévoles qui assurent l'éducation canine doivent être diplômées. C'est très important, car un

American Staffordshire Terrier apprend vite, et évidemment il ne fait pas la différence entre le bon comportement et le mauvais.

J'ai assisté à des scènes surréalistes en club, comme forcer un Amstaff à prendre une position de fixation. Et évidemment il y eut rejet. D'accord il n'a pas mordu car il était socialiser mais il a prévenu, et en attendant le chien a associé la position de fixation à une contrainte et pendant des mois a réagi par peur.

Quand un American Staffordshire Terrier développe de mauvaises réponses à des stimulations c'est l'éducation de base qui est en cause, pire l'absence d'éducation en ce qui le concerne. Vous devez éviter toute éducation qui renforcerait son agressivité.

L'éducation du chiot coûte une adhésion en club soit environ 120 euros par an, l'éducation aux positions de fixation nécessitera pour un American Staffordshire Terrier des leçons individuelles à environ 15 euros par leçon, parfois les professionnels pratiquent des forfaits mensuels.

Il faut au minimum deux leçons semaines pour travailler les réflexes de l'American Staffordshire terrier. En moyenne il faut une vingtaine de leçons pour l'éducation de base.

Il faut compter deux ans pour une éducation complète. L'éducation est progressive dès 8 semaines jusqu'à au minimum 18 mois pour un American Staffordshire terrier.

En club vous pourrez ensuite choisir une activité canine, le pistage, le cani-cross, l'obéissance sont conseillées aux American Staffordshire terrier. Mais attention comme il n'est pas un chien d'utilisation les disciplines CBU (Chiens de Bergers d'Utilisation) lui sont fermées.

Je définirais les qualités du maître ainsi : calme, passion, amour, rigueur

CHOISIR SON CHIOT

Je vais commencer, avec un coup de gueule ! Pourquoi les éleveurs n'apprennent-ils pas au futur maître à porter un chiot. C'est la première chose à savoir, car c'est fragile un chiot.

Évitez de prendre votre chiot à tous moments et n'importe comment. Un jeune chien doit beaucoup dormir aussi ne le dérangez pas sans cesse. S'il est disposé à jouer, vous pouvez le saisir mais sans l'attraper par les pattes, il est très fragile et vous risqueriez de lui faire mal !

Merci de bien lire ce passage, j'ai trop vu de chiots avec des malformations et mourir à cause d'un mauvais portage : Pour porter un chiot, passez un bras entre les 2 pattes avant du chiot et, avec l'autre bras, maintenez son corps contre vous. Ainsi il se sent en sécurité ; car un chiot déteste sentir le vide au-dessous lui et s'il se débat vous allez le blesser.

En revanche, on peut prendre un chiot ou de petite taille par la peau du cou sans qu'il en souffre. C'est le mode de transport adopté par les chiennes.

Un chien vous engage pour une période variant de 10 à 15 ans, aussi ne faut-il pas prendre cette décision à la légère.

Il faut en premier lieu bien choisir la race qui conviendra à votre façon de vivre. Tenez compte entre autres de votre emploi du temps, de votre cercle familial et… des possibilités de votre logement et de votre environnement de vie.

Soyez ensuite conscients qu'un chien est une entité à part entière, avec son patrimoine génétique,

Maintenant vous connaissez le Staff avec ses instincts, ses particularités physiologiques, physiques et intellectuelles. Le comprendre, c'est la meilleure façon de l'aider à s'adapter à son nouvel environnement. Bravo vous êtes un maître responsable.

Un American Staffordshire Terrier a besoin d'être socialisé encore jeune, après ses rappels de vaccination, il faudra qu'il soit avec d'autres chiens aguerris et d'autres personnes.

Il ne faut jamais forcer ou pousser un chiot à sauter, nager, tirer, parce que cela pourrait l'effrayer définitivement.

Attention un chiot grandit vite ! Le respect de certaines règles élémentaires vous évitera des conséquences fâcheuses (morsures). Un American Staffordshire Terrier c'est vif, donc il faudra apprendre vos enfants à ne pas déranger le chien qui dort ou qui mange et leur apprendre à ne pas fixer le chien du regard ainsi que leur apprendre à ne pas se précipiter vers le Staff, ou à le quitter en courant.

Il faut interdire de "martyriser" le chien notamment avec l'étreinte de l'enfant qui est souvent comprise comme un étouffement pour le chien.

Ne jamais laisser sans surveillance votre enfant avec l'American Staffordshire Terrier.

Et n'oubliez jamais : l'éducation du chien commence par celle du maître ! C'est lorsque vous le décidez et non quand le American Staffordshire Terrier le demande. a l'arrivée du chiot l'ordre « NON » sera essentiel.

Si votre American Staffordshire Terrier commence à s'énerver, et à mordre même légèrement : le réprimander par l'ordre « NON » (ne pas lui mordre l'oreille c'est idiot vous n'êtes pas sa mère !).

Je vais d'abord, parlez de vous, futur maître, avant de vous livrer un lot de conseils sur le choix de votre chiot. La petite boule de poil, c'est tout beau, tout mignon. Êtes-vous sûrs de votre choix ?

Un chien c'est pour 12 à 14 ans de vie commune avec un compagnon.

Êtes-vous joueurs — pas de poker ou de roulette russe — mais de balle, ou de Frisbee. Pas de jeu de corde avec un American Staffordshire Terrier. Le jeu est le secret pour établir une connivence avec votre chien. Si vous associez le jeu et la récompense alors ce sera gagné.

Mais attention, l'usage de la récompense est un art. L'objectif n'est pas d'avoir un chien dépendant à la croquette.

Nous allons torde le cou une fois de plus à une idée reçue. Un chien dominant cela n'existe pas. Le chien réagit à un phénomène de meute, il ne sera jamais dominant ou soumis, il évoluera dans une palette de comportements en fonction du contexte.

Par contre un chien peut avoir plus ou moins de caractère et c'est très différent car vous pourrez le détecter avec un test et l'éducation jouera pleinement son rôle pour adoucir ou renforcer un caractère. Un American Staffordshire a toujours du caractère.

Vous devez visiter le site du Club de la race. Les élevages recommandés sont indiqués et s'il y a une portée elle sera annoncée sur le site.

Vous devrez visiter l'élevage, il ne faudra pas décider avant, et surtout pas par téléphone. Vous téléphonerez pour une visite.

Lors de la première visite de l'élevage, faites confiance à votre instinct, soyez observateurs, questionnez l'éleveur. Avec ce livre vous saurez déjà beaucoup de choses. Vous allez vivre quatorze ans, avec votre compagnon. Voyons, c'est sérieux.

Pour choisir votre chiot il y a le test comportemental de Campbell, élaboré par le psychologue William Campbell à la fin des années soixante, qui a été créé pour prévoir les tendances comportementales des chiots soumis à l'attraction, aux ordres et à la domination (physique et sociale) de l'homme.

Son but est d'aider un acquéreur potentiel à choisir, à l'intérieur d'une portée, le sujet le plus adapté au milieu et à la famille dans lesquels il est appelé à vivre.

Le test de Campbell est très utile si l'on n'attend pas d'autres résultats que ceux prévus à l'origine par ce test : ce n'est ni un test d'intelligence ni un test d'aptitude, et l'on ne peut donc pas considérer qu'il va nous fournir des indications allant dans ce sens.

Dans quelques cas seulement, avec des races au caractère très particulier – comme le Chow-Chow –, le test de Campbell ne donne pas de résultats fiables.

Le test se fait entre quarante à cinquante jours, il dure une demi-heure. Dans un lieu isolé, tranquille, n'offrant aucune distraction, et clos. Il doit y avoir une entrée parfaitement identifiable. Il est indispensable que ce lieu, situé à l'extérieur ou à l'intérieur, soit absolument inconnu du chiot.

Le futur propriétaire du chiot doit demander à exécuter le teste, pas par l'éleveur, car les résultats ne seront d'aucune utilité pour le futur acquéreur. Le teste permet de mesurer le futur lien chien - Maître.

Si l'éleveur vous dit qu'il a déjà soumis la portée au test, demandez-lui gentiment l'autorisation de le refaire vous-même. S'il refuse, à vous de juger l'éleveur. Sûrement sa notoriété est surfaite. Méfiez-vous des éleveurs qui refusent, ce n'est pas eux qui payent les pots cassés à la SPA.

Vous prenez vous-même le chiot que vous envisagez et vous conduisez dans la zone réservée au test. Cette zone est évidemment convenue avec l'éleveur.

Vous ne devez pas parler au chiot, ni l'encourager, ni le caresser. Si le chiot fait ses besoins pendant le test, ignorez la chose et ne nettoyez l'endroit que quand le chiot est parti.

Attraction sociale : Posez délicatement le chiot au centre de la zone de test et éloignez-vous de quelques mètres dans la direction opposée à celle de l'entrée. Accroupissez-vous ou asseyez-vous en tailleur et tapez doucement dans vos mains pour attirer le chiot, le chiot doit vous rejoindre.

Aptitude à suivre : Partez d'un point situé à proximité du chiot et, éloignez-vous de chiot en marchant normalement. Le chiot doit vous suivre tout de suite.

Réponse à la contrainte : Accroupissez-vous, retournez délicatement le chiot sur le dos et maintenez-le dans cette position pendant 30 secondes environ en laissant votre main sur sa poitrine. Le chien se rebelle puis se calme et vous lèche.

Dominance sociale : Baissez-vous et caressez doucement le chiot en partant de la tête et en continuant par le cou et le dos. Le chiot se retourne et vous lèche les mains.

Dominance par élévation : Prenez le chiot sous le ventre en croisant vos doigts, les paumes des mains vers le haut. Soulevez-le légèrement du sol et maintenez-le ainsi pendant 30 secondes environ. Le chiot se rebelle puis se calme et vous lèche les mains.

Le test complet est modulable, en fonction des réponses, mais je vous ai donné les meilleures réponses du chiot.

Certains chiots ont tendance à réagir d'une façon dominante et agressive et pourraient même mordre. Ils ne conviennent pas à des enfants ou à des personnes âgées.

Certains chiots ont tendance à dominer et à se distinguer, sans toutefois atteindre des excès une éducation douce et cohérent sera impérative. Ils ne sont pas recommandés dans les familles où vivent déjà des enfants en bas âge ou d'autres chiens du même sexe.

Certains chiots, sont extrêmement soumis, devront recevoir beaucoup de douceur et de gratifications pour avoir confiance en eux et parvenir à s'adapter le mieux possible au milieu humain. Ils cohabiteront difficilement avec des enfants.

Le chiot a répondu comme je vous l'ai indiqué, il peut s'adapter partout, même s'il y a des enfants ou des personnes âgées. Il a un degré élevé de docilité.

Maintenant vous pouvez réserver votre bébé. Vous poserez une option ferme et vous donnerez un acompte.

Une femelle ou un mâle. Un mâle ou une femelle ? C'est au choix. Considérez qu'un mâle à plus de caractère est inexact, chaque chien est influencé par ses gènes et son environnement. Les gènes sont connus si vous prenez une lignée avec un LOF, ce sera à vous de créer l'environnement adéquat.

Aujourd'hui un mâle peut recevoir une vasectomie, et en général les femelles être stérilisées chimiquement avant les menstruations.

Vous viendrez voir l'évolution de la portée lors d'une deuxième visite dès que les chiots auront soixante jours. Vous pourrez vérifier que le chiot est toujours équilibré, simplement en faisant quelques jeux. Soulevez-le, appelez-le, grattez-le, tous vos gestes seront d'abord un peu refusés puis acceptés. S'il y a un problème là, alors entre les deux visites, l'éleveur a rencontré un problème.

Voilà cher lecteur, vous choisirez votre American Staffordshire Terrier en connaissance de cause.

Concernant les risques de santés qui touchent l'American Staffordshire Terrier, il existe l'ataxie cérébelleuse qui est une grave maladie, l'Ataxie Cérébelleuse se traduit par une dégénérescence du système nerveux. Environ 40 % des Amstaff sont porteurs de la mutation génétique responsable de cette maladie. Un test ADN fiable permet de dépister les reproducteurs, d'adapter les accouplements pour éviter de faire naître des chiots atteints et de limiter la prévalence de la maladie dans la race. avant l'achat d'un chiot il est indispensable de demander le certificat de dépistage de ces affections chez les deux parents. C'est une sage précaution.

Là aussi c'est un point pour comparer les éleveurs. si l'éleveur élève la voix et dit « moi je ne fais pas ça » à vous de juger…

N'oubliez pas de noter mes guides, le prix est modique, et je vis par les volumes de ventes générés pas les commentaires. Si vous êtes contents, d'autres lecteurs vous feront confiance. Vous pouvez aussi m'envoyer un mot si besoin, mon mail est indiqué à la fin du guide.

L'ARRIVÉE DU CHIOT

Avant de voyager, vous avez réglé les dernières formalités, et vous avez été particulièrement attentifs aux vaccinations. Vous avez un carnet de santé, un Livret des Origines Familiales, et une facture.

Pour votre voyage, sachez que le chiot est un être fragile qui va pour la première fois vivre ce qui est pour lui un drame. Alors soyez compréhensifs envers votre chien.

Vous ferez une halte par heure. Vous avez de l'eau, une gamelle, du papier absorbant, deux serviettes, une vieille chemise à vous.

Pourquoi vous demandez-vous ? Eh bien la chemise va beaucoup servir plus tard car elle sera imprégnée de votre odeur, et deviendra une ancre pour le chien. L'éducation du chien du commence dès maintenant.

Lorsque le chiot entre à la maison, il faut qu'il trouve un coin prêt pour lui. Il aura un panier avec un tapis moelleux. S'il vous plaît éviter l'osier car le chiot va déchiqueter et engloutir des morceaux. Vous aurez prévu deux écuelles si possible en acier et des jouets. Il devra y avoir deux types de jouets, pour s'amuser, et pour travailler.

Je vous conseille la marque Kong car elle convient au futur chien qui aura une belle mâchoire. Ne donnez pas de jouets en mousse ou en plastique que le chiot va détruire et dont il avalera des morceaux. Je préconise une balle ronde, une balle ovale et une barre en élastomère. Pas de jouet de type corde à tirer avec un Staff.

Le poids des chiens pèse sur leurs articulations non protégées par du poil, et cela engendre des calcites aux coudes des pattes. Pour cela optez pour un coussin de panier très confortable et si possible avec une housse lavable.

Il ne faudra pas donner ses jouets au chiot. Vous devrez attendre au minimum trois jours avant de jouer avec lui. Ensuite vous pourrez laisser à la disposition du chiot un os en cuir, mais attention aux calories.

Les autres jouets vous les garderez pour jouer avec le chien. Cette procédure est la base de l'éducation du chien.

Le chiot en arrivant va devoir s'habituer à son chez lui et à sa nouvelle famille. Soyez patients, laissez le chiot prendre ses marques. Vous devrez attendre que votre chien soit en sécurité et se sente protégé.

À son arrivée, vous allez d'abord continuer les câlins. Puis doucement à son grès laisser le chien explorer sa nouvelle maison. À ce moment-là, il y aura peut-être un besoin urgent. Faite comme si de rien n'était. S'il vous plaît ne montrez pas au chien que vous nettoyez, ne marquez pas le moment des besoins sinon vous augmenterez le temps que le chiot mettra à être propre.

Et si vous avez un jardin, vous pourrez anticiper le moment du besoin urgent. Votre chiot sera très vite propre.

Le chiot fourrera son museau partout, laissez le faire pour qu'il puisse se familiariser avec son milieu. Comme il va à un moment faire une bêtise, votre première leçon d'éducation va commencer.

Vous devez savoir dire « **Non** » et de façon sèche. Pour Staff c'est très important.

Ne vous inquiétez pas, si vous devez répéter. Pendant les deux premières semaines, c'est juste un « **Non** » que vous répéterez autant de fois que nécessaire. Surtout il ne doit pas y avoir de punition.

Ne vous précipitez pas au moindre gémissement du chien, sous peine d'en faire un mauvais comportement.

Le chien vit sa vie, vous vivez la vôtre. Il y a un moment pour le jeu, un moment pour l'éducation, un moment pour le repas, des moments pour courir et d'autres pour se reposer. Ce n'est pas le chien qui décide.

Éviter l'accident en apprenant à bien soulever le chiot, mettez une main sur la poitrine, mettez l'autre main sous les fesses.

Après une semaine, vous direz « **Non** » pas plus de deux fois. Si le chien continue, vous n'insisterez pas. Vous changerez de stratégie. Mais vous ne toucherez pas le chien. Surtout ne pas faire de jeux d'opposition avec un American Staffordshire Terrier

Vous allez associer l'ordre « Non » à un bruit. J'ai choisi la bouteille d'eau en plastique vide que j'ai remplie de petits cailloux et que j'ai bien bouchonnée. Vous lancerez la bouteille à droite ou à gauche du chien en donnant sèchement l'ordre « **Non** ». S'il vous plaît ce n'est pas un jouet mais un outil d'éducation, alors ne donnez pas la bouteille au chiot.

Je dis à droite ou à gauche et suffisamment loin de lui. C'est juste fait pour détourner son attention. L'erreur sera de toucher le chien avec la bouteille car vous le rendrez peureux. Vous pouvez utiliser un autre moyen, l'objectif sera de détourner l'attention du chiot.

Le chiot devra rester une semaine dans sa maison avec sa famille. Il ne devra pas rester seul car il serait désorienté et stressé. Et malheureusement votre chiot répondra à sa façon à son déséquilibre.

Ensuite après une semaine, sortez et laissez le chien seul cinq minutes puis revenez. Félicitez-le, il n'a rien fait, il sera content de vous revoir. S'il a fait un besoin, ou une bêtise, faite comme si e rien n'était. Vous pourrez diminuer le temps, et mettre trois minutes.

En général nous commençons par cinq minutes, puis dix minutes, faites-le tous les jours, et augmentez la durée. Le chien n'a pas la notion du temps. Mais, il a peur de l'abandon. Alors transformez la notion d'abandon en attente positive.

Plus tard, vous allez confier votre maison à votre Staff. Alors ne loupez pas cette éducation de base. En principe l'American Staffordshire Terrier aimera rester seul.

À partir de deux semaines chez vous le chien devra sortir et là aussi vous devrez respecter une procédure. Pour sa première sortie le chien sera avec une laisse et un collier en cuir et surtout pas de collier étrangleur et encore moins de collier électronique.

Vous maîtrisez le premier commandement qui est le « **Non** ». Vous allez travailler l'« Au pied ». Vous vous rendez dans un endroit calme et vous allez apprendre au chien à marcher à côté de vous. Commencez par mettre votre chien à votre gauche, puis commandez « non du chien - au pied » et avancez la jambe gauche. Le mousqueton doit tomber librement, le chien doit avoir les épaules au niveau de votre genou. Le chien doit vous suivre mais pas vous devancer. Surtout allez-y doucement, vous ne corrigez pas le chien, vous lui apprenez. Ne vous inquiétez pas, il comprend.

Votre ordre sera toujours « non du chien - au pied » et vous ramènerez délicatement le chien en bonne position.

J'ai dit délicatement car c'est un chiot. Mais il a le droit de sortir, et en tout cas il ne doit pas apprendre un mauvais comportement. N'allez pas vous compliquer la vie, pour plus tard.

Le chien est en apprentissage. Soyez compréhensifs. Avez-vous appris immédiatement ?

Pour l'instant limitez-vous à l'apprentissage de la marche en laisse. Et ne brûlez pas les étapes. Vous avez remarqué que nous avons commencé tôt son éducation.

Les sorties devront être progressives en durée et en complexité. N'exposez pas votre chiot au centre-ville un samedi aux heures de pointe.

Commencez par des balades en campagne, puis en ville dans un endroit protégé du trafic, puis petit à petit exposez le chien.

Tôt ou tard votre chien aura peur. S'il vous plaît n'ancrez surtout pas ce comportement. Faites comme si de rien n'était et continuez à marcher. Il ne faut jamais féliciter un chiot pour un comportement inadéquat.

Je vous résume ma méthode en deux points : l'ancrage et le renforcement positif. Rien d'autre jusqu'à six mois.

Pour le American Staffordshire Terrier, après une semaine à la maison il faudra commencer sa socialisation, il devra voir des congénères et d'autres personnes., si possible deux fois semaine en école du chiot.

Quand on désire un peu de tranquillité à la maison, on peut utiliser un enclos pour chiot. Le chien doit avoir un repère, c'est son panier et : ou sa niche. Il doit de lui-même s'habituer à s'y rendre. C'est son coin, vous n'avez pas le droit d'y aller.

Vous devez aussi avoir une cage de repos. Il faut l'y habituer dès son plus jeune âge, en le mettant dedans.

Pour amener le chien à utiliser son panier puis à accepter sa cage de repos, il faut y placer au début un os à ronger, une friandise, son jouet préféré mais surtout sous le coussin la chemise qui a été utilisée pour l'arrivée du chien et qui porte votre odeur.

Ne l'oubliez pas l'ancrage olfactif est une façon de rassurer le chien. Vous voulez l'habituer à rester seul un moment dans la voiture, à l'hôtel, chez des proches, chez des amis, il faudra utiliser l'ancrage olfactif pour que le chien reste serein. Bien entendu l'apprentissage est obligatoire, c'est de l'immersion puis de la répétition. Donc apprenez au chien, puis répétez.

Prenez votre temps, l'American Staffordshire Terrier apprend très vite, mais ce n'est pas un robot et parfois il fait son caractère. Dans ce dernier cas restez gagnants en n'insistant pas.

Le chiot ne devra jamais être dérangé lorsqu'il se trouvera dans son coin. Le chiot doit avoir à boire en permanence. Lorsque je me déplace je pense à amener de l'eau pour le chien. Un chien boit beaucoup, et de l'eau saine et propre.

Le chiot mange à heure fixe une ration prévue et si possible une alimentation de qualité. Il a 20 minutes, puis vous enlevez la gamelle.

J'utilise personnellement des croquettes bios. Ne donnez pas en dehors du repas.

Pour les friandises, vous devez comprendre qu'elles sont nécessaires à l'éducation du chiot et plus tard du chien. Je me répète il faut travailler en renforcement positif. Donc la récompense est un outil d'éducation. Seulement la récompense est calorique. J'utilise du cœur de bœuf qui est une friandise sans gluten, sans sucre, sans sel.

Il est important de commencer très jeune à habituer votre chiot aux soins quotidiens : oreilles, yeux, brossage…

On peut croire que votre chiot est équipé de piles longue durée, mais il a besoin de beaucoup de repos pour grandir.

Évitez les exercices violents, comme les escaliers, les courses rapides, les randonnées trop longues, et les sauts avant au moins douze mois, trop d'exercices peuvent nuire à la santé osseuse du chiot.

Le chiot ne doit pas dépasser ses propres limites. Il faut être très prudent pendant sa croissance car il développe son ossature et trop d'exercices peuvent engendrer des problèmes d'articulations.

Limitez vos balades à 5 minutes au début et augmentez progressivement. Ne pas dépasser 30 minutes par séance jusqu'à 8 mois (la croissance rapide se produit entre 2 et 8 mois). Ensuite, continuez très graduellement jusqu'à ses 2 ans.

C'est important de ne pas confondre vitesse et précipitation, dans l'éducation d'un futur chien.

Les chiots adorent jouer, mais ont besoin de beaucoup de siestes entre les jeux et les repas.

Ne faites pas jouer votre chiot/chien immédiatement après les repas il risque une torsion d'estomac qui est mortelle si elle n'est pas soignée immédiatement.

Voici un résumé des différents apprentissages du chiot au fur et à mesure de sa croissance. Les âges indiqués ne sont pas à prendre au jour près, mais approximativement autour de cette période :

La gestation dure environ 9 semaines. Pendant les 10 à 15 derniers jours de gestation, le fœtus possède déjà des compétences tactiles. Il réagit à la caresse du ventre de sa mère et aux stress que celle-ci subit, il est donc essentiel que la gestation de la mère se passe dans les meilleures conditions d'attention, de calme et de sérénité. D'où les visites que je conseille à l'élevage.

De la naissance à 15 jours c'est la période néonatale. La maturation du système nerveux n'est pas terminée à la naissance des chiots. Les fibres nerveuses vont progressivement s'entourer d'une gaine lipidique, la myéline, qui facilite le passage d'influx nerveux. La myélinisation des cellules nerveuses et des neurones permet la circulation de l'information jusqu'au cerveau et du cerveau aux membres. Le chiot est sourd, aveugle et incapable de se mouvoir, il passe le plus clair de son temps à dormir. Le réflexe de frisson thermique n'existe pas dans les premiers jours, ce qui explique que les chiots dorment en amas la première semaine, puis en parallèle lorsqu'ils commencent à bouger les pattes antérieures (grâce la progression de la myélinisation de la colonne vertébrale). Le chiot est totalement dépendant de sa mère qui le nourrit, le protège, le nettoie par léchage en stimulant l'élimination et ingérant ses excrétions. On notera l'apparition du réflexe de fouissement, il cherche à enfouir sa tête dans des endroits bien chauds, et du réflexe labial ou il essaie de téter tout ce qui s'approche de ses lèvres, mais aussi du réflexe périnéal (il fait ses besoins quand sa mère lui lèche le ventre et le périnée).

Je conseille de prévoir dès la naissance des petits, une pièce d'éveil avec des sons variés, des jouets de différentes textures, des tissus, des morceaux de bois, et tout autre objet, pour les familiariser aux ustensiles inconnus et favoriser leur stimulation sensorielle. Demandez à l'éleveur, c'est un moyen de sélection des éleveurs.

De 15 jours à 3 semaines : période de transition. C'est la phase de développement des sens, le chiot ouvre les yeux (entre le 10e et le 14e jour), entend (entre le 14 et le 21e jour), et sursaute au bruit (réflexe de sursautement) à la 3e semaine. Les chiots se dirigent vers les sons et la lumière. L'apprentissage de groupe commence, c'est la socialisation primaire. C'est aussi le début de l'apprentissage du comportement de communication avec les premiers aboiements, grognements, jappements.

Le comportement exploratoire (d'investigation) débute lui aussi, avec un pic paroxystique vers le 23e jour. Vers la 4e semaine : le chiot passe à la phase exploration et identification de l'environnement. C'est le moment des apprentissages essentiels : acquisition des autos contrôles comme l'inhibition de la morsure (les cris du mordu font lâcher le mordeur), la hiérarchie, les jeux.

Attention : si les chiots sont séparés de leur fratrie à ce moment-là, on risque un mauvais contrôle de l'inhibition de la morsure, un apprentissage incomplet des règles sociales et un hyperattachement. L'attachement excessif peut conduire à former des chiens incapables de rester seuls, par exemple. Voilà des informations qui vous permettront de juger un éleveur, il ne faudra pas hésiter à le questionner.

La 5e semaine est la période de l'apprentissage de la hiérarchie par appréciation de la gestion de l'espace et de la disponibilité de la nourriture : le chiot constate qu'il ne peut manger que lorsque tel individu a terminé, ou qu'il n'a pas le droit de prendre la friandise d'un individu qui lui est supérieur...

La phase d'aversion débute elle aussi après cinq semaines, le chiot fuit les personnes inconnues et il a tendance à craindre les nouveautés. Les nouvelles espèces découvertes peuvent être considérées comme ennemies

J'espère avoir été complet, je suis certain que vous avez

tous les atouts pour bien choisir votre chiot.

LA PROPRETÉ DU CHIOT

Pour votre chiot, la propreté signifie naturellement de ne pas faire sur les lieux de couchage et de nourriture.

Le chiot doit donc comprendre la propreté autrement.

Pour faciliter l'apprentissage vous devez respecter quelques règles.

Distribuez la nourriture à heure fixe si possible jamais le soir tard.

Laissez manger le chien seul au calme et lui retirer sa gamelle vingt minutes après la lui avoir donnée. Qu'elle soit vide ou pas.

Toujours laisser l'eau propre disponible.

Sachant que le chiot se soulage après l'ingestion de nourriture, sortez-le à ce moment-là.

Un chiot dort beaucoup, il va donc se reposer de nombreuses heures et souhaite se soulager presque automatiquement à son réveil. Sortez-le juste à ces moments-là.

Un chiot de 8 semaines ne peut pas se retenir plus d'une heure ou 2 dans la journée, 3 ou 4 heures la nuit, donc soyez patients. Comptez les heures et sortez le chien.

Il ne faudra pas attendre de lui une réelle capacité à se retenir plusieurs heures avant l'âge de 6 mois.

Vous devez sortir le chien, après les siestes, les repas ainsi qu'après les séances de jeux.

Le chiot parfois va naturellement se soulager dans la maison, surtout ne le punissez pas. Mais n'ancrez pas ce mauvais comportement. Faite comme si de rien n'était.

Sortir le chiot souvent et dès son plus jeune âge est une

évidence.

Au début choisissez de le conduire en laisse dans des endroits tranquilles et propres.

Les endroits bruyants, très fréquentés de gens et de congénères sont à proscrire.

Il est conseillé de sortir le chiot avant ses 3 mois. Le risque infectieux est minime. Par contre pour son éducation c'est génial. Il deviendra plus vite équilibré et capable de faire ses besoins en laisse où que vous alliez.

Et même si votre chiot dispose d'un jardin, cela ne dispense surtout pas de le sortir dans la campagne.

Enfin pas de fixation sur la propreté, elle viendra entre six et huit mois.

Tordons une fois de plus le cou à une idée répandue : on ne met pas le museau du chien dans sa merde ! c'est insensé. Vous n'aurez jamais un chien équilibré avec ce genre de méthode. À l'inverse le chien finira par devenir craintif, car la punition l'attend à tout bout de champ.

LA SOCIALISATION DU CHIOT

À partir de sa huitième semaine, le chiot peut de manière légale quitter l'endroit où il est né.

Il va falloir qu'il découvre sa nouvelle « maison » et poursuive l'apprentissage de la vie, de ce qui l'attend dans les mois et années à venir.

Des expériences nouvelles sont indispensables aux chiots pour acquérir un équilibre comportemental satisfaisant à l'âge adulte, cette confrontation avec le monde qui les entoure devant se réaliser dans de bonnes conditions (absence d'éléments anxiogènes).

Le chiot a grandi aux côtés de sa mère qui s'est occupée de lui et l'a à sa manière inculquer quelques règles. Dans le meilleur des cas, il était aussi peut-être entouré de frères et sœurs avec lesquelles il a pu échanger, jouer et apprendre aussi le partage. S'il a vécu à la campagne et qu'il se retrouve en ville – ou inversement – cela constitue un premier grand changement dans sa vie.

De nouveaux bruits, puis un nouvel environnement. Les premiers jours, cela fait beaucoup d'un seul coup ! C'est pour cela qu'il convient de l'accueillir avec un certain calme.

L'American Staffordshire Terrier doit une semaine après son arrivée être manipulé régulièrement, et confronté en douceur et de manière progressive aux différents bruits de la vie courante, il sera plus rapidement à l'aise.

Ensuite, il devra être confronté aux bruits, de la télévision, de la radio, de l'aspirateur, du balai que l'on passe non loin de son museau, aux voisins dans l'escalier ou le jardin, aux visites d'amis.

L'American Staffordshire Terrier vacciné vous devez l'emmener se promener sans craindre pour sa santé.

Apprenez-lui progressivement à s'habituer à tous les bruits. Ces petites incursions alors qu'il est tout jeune lui éviteront de nombreux problèmes plus tard dans sa vie. et surtout, surtout faites lui croiser des gens, arrêtez-vous, serrer des mains et habituez-le aux enfants de la rue qui veulent le complimenter.

Les chiots devraient être présentés à des enfants de tous les âges ; s'il n'y en a pas dans la maison, trouvez-en. Par contre, il devrait toujours y avoir un adulte qui supervise lorsque les enfants sont avec les chiens de manière à ce que les jeux ne deviennent pas trop houleux et que le chiot ait une expérience positive.

Éduquer le chiot en l'habituant aux autres chiens, pour un L'American Staffordshire Terrier c'est essentiel. Une des meilleures manières d'apprendre les bonnes manières canines est de permettre à votre chiot de rencontrer un chien adulte. Par expérience les chiens adultes font attention aux chiots. Attention n'exposez le chien que progressivement, s'il y a agressivité vous devez stopper votre American Staffordshire Terrier. De sa faute ou pas, provoqué par un autre ou pas, peu importe.

Si en jouant le chiot fait mal à l'adulte, le gros chien trouvera une manière d'arrêter le petit soit avec un grondement soit avec un aboiement. Stoppez immédiatement votre Staff.

Apprenez à votre chiot à accepter d'être manipulé par d'autres que vous dès son plus jeune âge. Demandez à vos amis de procéder doucement à l'examen des oreilles, des yeux, de la queue, des gencives et des dents de votre chiot.

Donnez-lui une petite récompense pour avoir permis ceci. De cette manière, les chiots apprendront qu'être manipulés par tout un tas de gens est une expérience agréable.

Plus il aura de contacts avec divers milieux et différentes personnes, moins votre chien sera craintif et plus il aura confiance en lui. N'arrêtez jamais de le socialiser, car à la phase d'adolescence (vers 8 mois), votre chien aura tendance à devenir craintif et à oublier tous ses acquis s'il n'a pas été assez en contact avec différentes choses et situations.

Cette socialisation du chiot doit donc être entretenue pendant l'âge adulte pour le Staff.

Le maître doit également entreprendre la démarche d'éducation du chiot auprès d'écoles de chiots.

FIN

Le code de la propriété intellectuelle n'autorisant, aux termes de l'article L. 122 — 5, 2 ° et 3 ° a, d'une part, que les « copies ou reproductions strictement réservées à l'usage privé du copiste et non destinées à son utilisation collective » et, d'autre part, que les analyses et les courtes citations dans un but d'exemple et d'illustration, « toute représentation ou reproduction intégrale ou partielle faite sans le consentement de l'auteur ou des ayants droit ou ayant cause est illicite » (art. L. 122-4). Cette représentation ou reproduction, par quelque procédé que ce soit, constituerait donc une contrefaçon sanctionnée par les articles L. 335-2 et suivant du Code de la propriété intellectuelle.

Le droit d'auteur français est le droit des créateurs. Le principe de la protection du droit d'auteur est posé par l'article L. 111-1 du code de la propriété intellectuelle (CPI) qui dispose que « l'auteur d'une œuvre de l'esprit jouit sur cette œuvre, du seul fait de sa création, d'un droit de propriété incorporelle exclusif et opposable à tous. Ce droit comporte des attributs d'ordre intellectuel et moral ainsi que des attributs d'ordre patrimonial ».

www.ingramcontent.com/pod-product-compliance
Lightning Source LLC
Chambersburg PA
CBHW071143280526
45787CB00003B/1385